Gesucht wird …

AF196590

_____
Name   Vorname   geb. am

1 Weißt du noch, was ein „Steckbrief" ist?
Er enthält Angaben, an denen man eine bestimmte Person erkennen kann.

a Entwirf einen „Steckbrief" von dir selbst! Ergänze zuerst die obere Zeile!

b Kreuze nun an und fülle gut leserlich aus!

männlich ⃝   weiblich ⃝

Größe: _____

Körperbau: _____

Körperhaltung: _____

Augenfarbe: _____

Kopfform: _____ _____

Haarfarbe: _____

Besondere Kennzeichen: _____

_____

Beispiele
für Körperbau:
*schlank, gedrungen,
sportlich, zart, zierlich,
wuchtig, kräftig*

Beispiele
für besondere
Kennzeichen:
*Brillenträger,
sehr blasse oder
dunkle Haut,
Narbe im Gesicht*

c Sammelt eure Hefte ein! Vermischt sie gut und verteilt sie so,
dass niemand sein eigenes Heft bekommt! Lest vor, was andere
über sich selbst geschrieben haben, und erratet: Wer ist wer?

2 Fertige ein Phantombild von dir an!
Beachte:
Es sollen wichtige Merkmale
deines Gesichts erkennbar sein!

3 Kannst du auch dazu Angaben machen?
Besonderheiten in der Sprache/der Stimme:

Beispiele:
*hohe/tiefe Stimme,
schnell, langsam,
deutlich, undeutlich*

_____

1

Berufe erraten

1 Markus, Tanja, Lisa und Robert
fragen sich gegenseitig ab,
was sie einmal werden möchten.
Markus sagt: „Der Beruf, den ich
erlernen möchte, ist für das Einrichten
von Wohnungen und von Büros wichtig."

Die Freunde stellen Fragen:

„Mit welchen Werkzeugen
  musst du umgehen?"

„Mit welchem Material
  hast du es zu tun?"

„Was musst du besonders
  gut können?"

„Was stellst du her?"

Markus antwortet:

„Ich brauche zum Arbeiten Säge und Hobel,
  Hammer, Bohrer und Schraubendreher.
  Aber ich muss auch mit Maschinen arbeiten."

„Vor allem habe ich es mit Holz zu tun,
  aber auch mit Glas und Kunststoff und
  mit Metall."

„Ich muss Kraft haben und gut sehen können.
  Außerdem muss ich genau arbeiten und
  handwerklich geschickt sein."

„Ich stelle Bauteile von Möbeln her und
  montiere Möbel."

Und so heißt der Beruf: | Holzfachwerker | .

a Ordne zu und schreibe auf!

Werkzeuge eines Holzfachwerkers

Material, das ein Holzfachwerker verarbeitet

b Welche *Möbel* könnte ein Holzfachwerker
zum Beispiel anfertigen?
Schreibe einige Möbelstücke auf!
Verwende ein Wörterverzeichnis!

_____

_____

_____

_____

2 Was gehört zusammen?

Kelle, Meißel, Mörtel, Beton, Wasserwaage, Mörtelbrett, Sand, Zement, Ziegel

a Ordne die Wörter dem richtigen Oberbegriff zu und schreibe sie auf!

Werkzeuge: _____

_____

Materialien: _____

_____

b Schreibe auf, um welchen Beruf es sich handelt!

c Nennt Werkzeuge und Materialien, die eine *Gärtnerin* braucht!

Berufe:

Malerin

Klempner

Maurer

Fliesenleger

Gärtnerin

Köchin

Hauswirtschafterin

Elektriker

3 Wer braucht was? Ordne richtig zu und schreibe es auf!

Reinigungsmittel, Sicherungen, Schraubenschlüssel, Tapeten, Gabel, Fliesenschneider, Staubsauger, Schalter, Quirl, Lack, Bügeleisen, Rohrzange, Kabel, Fliesenkleber, Farbe, Fliesengummi, Pfanne

Hauswirtschafterin: Reinigungsmittel,

_____

_____

_____

_____

_____

_____

4 Lies die Anzeigen aus einer Zeitung!

①
| Stellen zwei Raum- pfleger/innen ein! |

②
| Schüler(innen) zum Verteilen von Reklamematerial gesucht! |

③
| Suchen berufserfahrene(n) Friseur(in) zur Aushilfe. |

Schreibe nun in vollem Wortlaut auf, was Anzeige ③ aussagt!

Suchen _____

_____ zur Aushilfe.

Suchen _____

_____ zur Aushilfe.

Buntes Allerlei

1 Spagetti-Rösti

<u>Wir müssen</u> die Spagetti <u>in reichlich Wasser</u>
<u>mit einem Schuss Öl</u> etwa 12 Minuten <u>beißfest kochen</u>.
Dann müssen wir sie <u>abgießen und gut abtropfen lassen</u>.
Wir können in einer Pfanne <u>etwas Butter zerlassen</u>
und die gekochten Spagetti rasch anbraten.
So stellen wir die köstlichen Rösti her.
Mit Käse bestreut und mit <u>Tomatensoße übergossen</u>
ist das Gericht <u>ein großer Genuss</u>.

> *Spagetti* oder
> *Spaghetti* –
> beides ist richtig.

a Lies das Rezept! Kennst du noch andere Spagetti-Rezepte?
Tauscht euch darüber aus!

b Schreibe die unterstrichenen Wortgruppen ab!
Übermale oder unterstreiche **ss** und **ß** mit unterschiedlichen Farben!

_____

_____

_____

_____

c Ordne die Wörter mit **ss** und mit **ß** in die Tabelle ein!
Setze vor Substantive den Artikel!

Wörter mit **ss**	Wörter mit **ß**

d Ergänze die Regel! Kurzer Selbstlaut – Langer Selbstlaut oder Zwielaut –

[   ] schreiben!   [   ] schreiben!

e Nenne zu jeder Regel vier weitere Beispiele!

Artikel – Begleiter   Substantiv – Namenwort

4

2 Hier musst du gut aufpassen!

der Biss – bei___en, gebi___en, bei___fest

der Guss – gie___en, gego___en, abgie___en, Ausgu___

der Genuss – genie___en, sie genie___t, wir haben es geno___en

zerlassen – er zerlä___t, er zerlie___, ihr zerla___t

Setze **ss** oder **ß** ein! Sprich beim Schreiben leise mit und stelle fest,
ob der Stammselbstlaut kurz oder lang gesprochen wird!

3 Verse schmieden

Zwei Räuber schleichen um ein Schloss,

der eine ist Gehilfe, der andere der _____.

Sie stoßen an ein Wasserfass

und werden beide total _____.

Sie sind sich selbst nicht recht gewiss,

wer aus Versehen die Glocke _ab_____.

Jedenfalls spüren sie plötzlich ein Geschoss

und es wird sehr laut im großen _____.

Sie flüchten schnellstens bis zum Fluss,

da hören sie noch einen _____.

Vor Angst geraten sie in Schweiß,

sie zittern und sind im Gesicht ganz _____.

Sie springen auf ihr kleines Floß.

Nur weg von hier! Die Eile ist _____.

Einbrechen – das ist kein Genuss!

Das erkennen die beiden nun zum _____.

a Lies die Räubergeschichte! Ergänze die Reimwörter!

b Schreibe selbst Verse!

Ein Reiter saß auf seinem Ross,

_____

Es kam ein großer Regenguss.

_____

Rund um die Kartoffel

1 Was krabbelt denn da?

Gegen Ende des Zweiten Weltkrieges sorgte ein kleiner Käfer für Aufregung.
Die Leute kannten ihn gar nicht. Er war über den Ozean
nach Deutschland gekommen. Gemeint ist der Kartoffelkäfer.
Viele Menschen hatten nicht genug zu essen. War es möglich, so bauten sie
selbst ein paar Kartoffeln an. Nun aber setzte sich der Käfer auf die Pflanzen
und legte ein Häufchen Eier ab. Die Larven fraßen ganze Kartoffelfelder kahl.
In einigen Gegenden wurden Schülerinnen und Schüler auf die Felder
der Bauern geschickt. Sie lasen die Käfer und Larven von den Blättern ab
und steckten sie in Gläser. Wer tüchtig gesammelt hatte, bekam vom Bauern
manchmal eine Schmalzschnitte oder ein Butterbrot. Das war ein begehrter Lohn.

a Der Text enthält viele Wörter mit doppeltem Mitlaut. Unterstreiche sie!

b Schreibe diese Wörter in ihrer Grundform auf! Setze vor Substantive den Artikel!

krabbeln, denn,

2 Beschrifte die Schilder!
Schreibe gut lesbar in Druckschrift!

Blätter, Stängel, Blüten, Knollen

3 Ein vielseitiges Nahrungsmittel

pellen
salzen ——— *Kartoffel*
brühen

Brei
Salat
Suppe
Klöße

a Bilde zusammengesetzte Substantive
und schreibe sie mit Artikel auf!

Artikel – Begleiter   Substantiv – Namenwort

b Zerlege die Substantive mit senkrechten Strichen in ihre Wortbestandteile!

Saat|kartoffelbehälter
Kartoffelvollerntemaschine
Speisekartoffelverkauf
Futterkartoffeltopfdeckel

c Versuche die Wörter aus dem Gedächtnis aufzuschreiben!

_____

_____

4 Die Kartoffel wird seit langer Zeit als Nahrungsmittel verwendet.
Schon lange vor der Entdeckung Amerikas im Jahre 1492 nutzten die Indianer
diese Knolle zu ihrer Ernährung. Im 16. Jahrhundert wurde die Kartoffel
nach Spanien gebracht. Die Erdfrucht galt zu Beginn des 17. Jahrhunderts
an europäischen Königshöfen als besondere Kostbarkeit. Aber schon
um die Mitte des 17. Jahrhunderts wurde sie in Deutschland
auch für einfache Leute ein wichtiges Lebensmittel. Friedrich der Große
erkannte den Nutzen der Frucht und ordnete 1756 an, die Kartoffel
in Preußen anzubauen.

a In dem Text wird über die Kartoffel geschrieben.
Für *Kartoffel* werden auch andere Wörter verwendet.
Welche sind es? Unterstreiche sie!

b Was erfährst du in dem Text über den Weg der Kartoffel?
Trage die Stationen in die Kästchen ein!

Von hier kommt sie:

16. Jhd.:

Anfang 17. Jhd.:

Mitte 17. Jhd.:

18. Jhd. Anordnung:

Quasselstrippen

1 *sprechen, reden, schwatzen, schimpfen, lästern, wispern, diskutieren, streiten, jubeln, schreien, berichten, tuscheln, johlen, quasseln, quakeln, brüllen, erzählen, predigen, rufen, grölen, fragen, erklären, quatschen, säuseln, donnern, schwafeln*

a Alle diese Verben haben etwas mit „sprechen" zu tun.
Sie gehören zum **Wortfeld** *sprechen*.
Einige Verben bezeichnen die Lautstärke. Unterstreiche sie!

b Ordne zu!

laut sprechen	leise sprechen

Beachte:
Man kann *laut* und *leise* sprechen, aber man kann nicht *leise brüllen*.

c So kann man es nicht sagen:

Der Lehrer schwatzt im Biologieunterricht über die Entwicklung der Frösche.

Der Pfarrer schreit von der Kanzel.

Die Mutter schwafelt dem Kind ein Märchen vor.

Der Polizist predigt über den Unfall.

Der Verkäufer quasselt mit der Kundin über den Preis.

Lineal benutzen!

Verändere die Sätze! Streiche die unpassenden Verben durch und schreibe deine Korrekturen so darüber:

diskutiert
Der Vater ~~quakelt~~ mit dem Sohn über ein ernstes Problem.

2 Was tun die beiden Buben Max und Moritz?
Suche in Aufgabe **1** nach treffenden Verben und schreibe sie auf!

_____

_____

3 Zwei Wortfelder sind durcheinandergeraten.

weinen, lachen, wimmern, schluchzen,
feixen, schreien, heulen, grienen, flennen,
lächeln, losprusten, kichern, quäken, greinen,
plärren, jammern, winseln, grinsen

a Schreibe die Verben nach Wortfeldern geordnet auf!

weinen, _____

_____

lachen, _____

_____

b Wie bezeichnest du das, was das Wilhelm-Busch-Baby tut?
Schreibe es auf!

_____

_____

_____

4 Frau Weber _____ zu Frau Schulze:

„Haben Sie schon gehört? Im Kaufhaus ist ein Dieb entkommen."

„Nein", _____ Frau Schulze,

„was Sie nicht alles wissen! Die Polizei hatte doch alle

Ausgänge besetzt."

„Na eben! Wie kann denn da jemand ausreißen?",

_____ Frau Weber.

„Ich hab's!", _____ Frau Schulze.

„Der Dieb ist bestimmt durch den Eingang entwischt."

„So wird es sein", _____ Frau Weber.

fragen
reden
sagen
antworten
staunen
sich wundern
entgegnen
jubeln
bezweifeln
kombinieren

a Lies das Gespräch!
Unterstreiche die Begleitsätze!

b Trage die fehlenden Verben in die Begleitsätze ein!
Wähle sie aus der Wortleiste aus!

Verb – Tätigkeitswort

9

Kennst du BLUMENTO-PFERDE?

1 Wer findet die richtige Lösung?

a Lies das Wort, das in der Überschrift mit Großbuchstaben geschrieben ist!

b Schreibe das Wort ohne Trennungszeichen in Schreibschrift auf!

_____

c Das Wort ist aus drei Wörtern zusammengesetzt. Trage sie in die Wortkästchen ein!

d Aus wie vielen Silben besteht das Wort? ☐ Silben
Trenne es in Silben!

_____

> Wenn man Wörter an der falschen Stelle trennt, kann es zu Missverständnissen kommen. Beachte deshalb die Regel: Wörter, die aus mehreren Silben bestehen, trennt man so, wie es sich beim Sprechen ergibt.
> Einsilbige Wörter trennt man nicht.

2 In der Zeitung dürften eigentlich keine Fehler auftreten, aber Miriam hat die nebenstehende Meldung gefunden.

> Unsere modernen Verkehrsmittel sind sehr bequem. Manche Flugzeuge sind schneller als der Schall. Große Schiffe tragen uns über die Weltmeere.

a Miriam regt sich über diese Zeitungsmeldung auf.
Warum wohl?

b Suche alle Wörter aus dem Text heraus, die nicht getrennt werden dürfen!
Schreibe diese einsilbigen Wörter auf!

_____

c Schreibe nun aus dem Text alle Wörter, die sich trennen lassen, mit der richtigen Worttrennung auf!

_____

_____

_____

_____

3 Kennst du diese Ver-kehrs-mit-tel?

| NE KÄH | FER DAMP | TE BOO | FE SCHIF | ZEU FLUG GE | LONS BAL |

| RÄ FAHR DER | SCHRAU HUB BER | TO BUS AU SE | BAH EI NEN SEN |

a Schreibe die Wörter, deren Silben verdreht worden sind,
richtig in Schreibschrift auf!

_____

_____

_____

b | TRAKTOREN | LASTKRAFTWAGEN | SCHNELLZÜGE |

Trenne die Wörter in Silben! Verdrehe die Silben und schreibe sie auf!
Vergleicht eure Ergebnisse! Wie viele Möglichkeiten habt ihr gefunden?

_____

4 Jetzt aufgepasst!

> Die Mitlautverbindungen **ck**, **ch**, **sch** werden nicht getrennt.

einen Spaziergang machen, in der Ecke hocken, Eis naschen,
sich vor den Mücken schützen, über die Witze lachen,
in der Hitze schwitzen, ein Kätzchen streicheln, auf der Bank sitzen,
vor zuckenden Blitzen erschrecken, rasch die Tasche packen, ins Haus flüchten

a Unterstreiche alle Wörter mit **ck**, **ch**, **sch** in der Wortmitte!
Trenne die Wörter!

ma-chen, _____

_____

_____

> So werden Wörter mit **tz** getrennt: _Müt-ze_, aber _Mütz-chen_.

b Schreibe alle Wörter mit **tz** heraus und trenne sie!

schützen, schüt-zen; _____

_____

„Bitte recht freundlich!"

1 Sandra hat zum Geburtstag einen einfachen Fotoapparat geschenkt bekommen. Sie bittet ihren Vater um Hilfe.

Sandra: „Ich komme allein damit nicht zurecht ☐

Hilf mir doch bitte ☐ Was muss ich denn tun,

damit die Fotos gut werden ☐ "

Vater: „Erst einmal musst du lernen, einen Film einzulegen ☐

Lies die Anweisung durch ☐ Führe jeden Schritt

genauso aus, wie es beschrieben ist ☐

Wo ist denn der Film ☐ Er lag doch eben noch hier ☐ "

Sandra: „Ich habe ihn in der Hand ☐ Also, jetzt lege ich den Film

in die Filmkammer und ziehe ihn über die Spule ☐

Juhu, das klappt ☐ Nur noch einen Handgriff

muss ich machen und schon funktioniert

das Zählwerk ☐ Und was jetzt ☐ "

Vater: „Nun kannst du loslegen ☐ Halt, nicht in die Sonne

fotografieren ☐ Knipse mal den Sperling dort ☐

Hast du ihn gut im Bild ☐

Halte mindestens einen Meter Abstand ☐

Ach, wie schade ☐ Nun fliegt er weg ☐ "

a Lies das Gespräch!
  – Prüfe:
    Um welche Satzarten handelt es sich?
  – Setze die richtigen Satzzeichen!

b Vergleicht eure Ergebnisse!

2 Aus Satzteilen kannst du verschiedene Sätze bilden.

a | den Apparat | | du | | als Geschenk |

| hast bekommen |

Man will etwas erfahren und fragt.
  ⟶ Fragesatz
  ⟶ Fragezeichen

Man will anderen etwas sagen.
  ⟶ Aussagesatz
  ⟶ Punkt

Man will zu etwas auffordern.
  ⟶ Aufforderungssatz

Man ruft etwas aus.
  ⟶ Ausrufezeichen

Bilde aus diesen Satzteilen einen Aussagesatz! Schreibe ihn auf!

_____

Bilde nun einen Fragesatz und schreibe ihn auf!

_____

b | die Kamera | Sandra | an einem trockenen Ort | bewahrt auf |

Bilde aus diesen Satzteilen einen Fragesatz! Schreibe ihn auf!

_____

_____

Bilde aus den gleichen Bestandteilen einen Aufforderungssatz!
Schreibe ihn auf!

_Sandra,_____

_____

Bilde nun auch einen Aussagesatz und schreibe ihn auf!

_____

_____

3 Ergänze die Sätze mit **sobald**, **denn**, **weil**, **damit**, **dass**!

Sandra braucht die Kamera, _____ sie ihre Mitschülerinnen und Mitschüler

fotografieren will. Sie wird bald die Klasse verlassen, _____ ihre Familie

zieht in eine andere Stadt. _____ sie alle in Erinnerung behält, fertigt sie

die Fotos an. Die Freunde versprechen, _____ sie Sandra schreiben.

_____ in der neuen Wohnung ein Telefon ist, können sie ja auch anrufen.

4 Schreibe die richtigen Bezeichnungen mit Artikel neben die Worterklärungen!

– ein Buch für Fotos _____

– durchscheinendes Foto _____

– überraschendes Foto, ohne Vorbereitung gemacht

_____

– Gestell, auf dem man den Fotoapparat befestigen kann

_____

– Messgerät zum Ermitteln der Belichtungszeit

_____

– Aufnahme des Gesichts _____

– Raum, in dem Fotos entwickelt werden _____

Artikel – Begleiter

Stativ
Dia
Dunkelkammer
Album
Porträt
Schnappschuss
Belichtungsmesser

13

Jagd im Meer

1 Es gibt viele Walarten. Der Pottwal war wegen seines hohen Gehaltes
an Tran besonders begehrt. Die Boote, die auf dem Meer wie Schalen
von Nüssen wirkten, waren im Vergleich zu den Walen sehr klein.
Es gehörte Mut dazu, die großen und schweren Tiere zu fangen.
Wale merken, wenn sie in Gefahr sind. Aber die Walfänger
haben sie leider oft überlistet.
„Wir haben massenweise Wale getötet", erzählt ein Mann,
der viele Jahre seines Lebens auf See war und Wale gefangen hat.
„Wir haben Harpunen abgefeuert, die an 100 Meter langen
Schnüren befestigt waren. Den Tieren wurden schwere Haken
ins Fleisch getrieben. Dann wurden sie ausgeschlachtet.
Schlimm, was wir für Blutbäder angerichtet haben!"

a Was weißt du über Wale und über das Thema „Walfang"?
Verständigt euch darüber!

b Der Text enthält viele Wörter mit lang gesprochenen Selbstlauten.
Suche sie heraus und unterstreiche sie! Vergleicht dann gegenseitig!

2 Lang gesprochene Selbstlaute

doppelt geschrieben	mit *h* im Wortstamm	ohne *h* im Wortstamm
Meer,	*begehrt,*	*Walarten,*

a Suche im Text Beispiele für Wörter, die in die drei Spalten gehören!
Trage sie in die Tabelle ein!

b Unterstreiche die lang gesprochenen Selbstlaute!

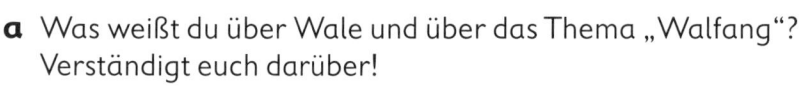

3 Doppelt gemoppelt wie bei *See*

die F___, _____ Kl___, _____ T___, _____ Kaff___, _____ B___re,
_____ B___t, _____ Schn___, _____ T___r, _____ M___r, _____ Sp___r

a Welche Wörter mit **ee** findest du?
Ergänze die fehlenden Buchstaben und den Artikel!

Artikel – Begleiter

b Schreibe die Wörter mit **ee** aus dem Gedächtnis auf!

_____

_____

4 Mit **h** wie in den Wörtern _Jahr_ und _Kahn_

_____ Gef_____, _____ F_____er, f_____en, j_____elang

_____ Z_____, _____ H_____, _____ B_____, _____ F_____e

a Ergänze die fehlenden Buchstaben und den Artikel bei Substantiven!
Schreibe die Wörter dann aus dem Gedächtnis auf!

_____

_____

b Bilde zusammengesetzte Substantive mit _Jahr_ und schreibe sie auf!

früh	_Kalender_	_Schule_	_Leben_	_neu_
Geburt	_Zeit_	_Ende_	_Tag_	_Hundert_

_____

_____

_____

> **Beachte:**
> Manche Wörter werden mit Fugenzeichen gebildet:
> _Jahr   Anfang_
> _Jahr/es/anfang._

5 Lang gesprochen, aber ohne **h** wie bei _Wal_

_____ Sch_____, _____ Sch_____e, _____ Qu_____, _____ Materi_____,

norm_____, _____ Line_____, _____ Lok_____, _____ Pok_____, eg_____

a Ergänze die fehlenden Buchstaben und den Artikel bei Substantiven!

b Schreibe die Wörter mit dem Bestandteil **al** aus dem Gedächtnis auf!

_____

_____

6 D E R | B L A U W A L I S T D A S G R Ö S S T E L E B E W E S E N D E R W E L T.

Lies den Satz langsam! Setze einen senkrechten Strich an die Stellen, an denen
ein Wort endet und ein neues Wort beginnt! Schreibe den Satz dann auf!

_____

Substantiv – Namenwort

Vorsicht, Crash!

Das Wort „Crash" (gesprochen *kresch*) hast du bestimmt schon oft gehört.
Es kommt aus dem Englischen und bedeutet so viel wie Zusammenstoß.

1 Auf dem Bild siehst du zwei Fahrzeuge, die zusammengestoßen sind.
Das heißt: Jemand war unaufmerksam und hat nicht aufgepasst.
Auch beim Schreiben kann es leicht zu einem „Crash" kommen.
Das passiert oft dann, wenn zwei Wörter zusammen⭐stoßen.

> Deshalb aufpassen, dass du alle Buchstaben erwischst und
> in die richtige Reihenfolge bringst!

a Prüfe deine Aufmerksamkeit!
Fünf Wörter von den insgesamt elf Wörtern enthalten Fehler.
Unterstreiche die Fehlerstellen!

zusammenprallen, zusammentoßen, zusammenkommen,

zusammentreffen, zusammentbrechen, zusammentrommeln,

zusammenshlagen, zusammenklappen, zusammnstehen,

zusammenziehen, zusammebringen

b Berichtige die Fehler!
Trage die Teile der Zusammensetzungen in die Kästchen ein!
Schreibe dann die Wörter richtig auf!
Richte dich nach diesem Muster:

zusammen	setzen

zusammensetzen

_____

_____

_____

_____

2 Überlege beim Schreiben immer, aus welchen Bestandteilen
die Wörter bestehen!

a Zerlege die folgenden Wörter!

ab|bauen, erringen, zerlegen, wegführen, verreisen, erwischen, eröffnen, verraten, verlieren, zerreiben

b Bilde zusammengesetzte Verben!
Beachte beim Schreiben die Teile der Zusammensetzung!

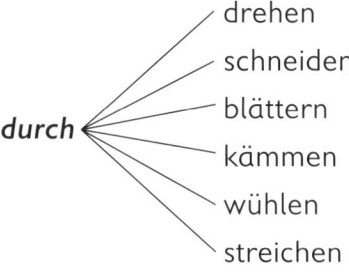

durch
- drehen
- schneiden
- blättern
- kämmen
- wühlen
- streichen

_____

_____

c Bilde mit den zusammengesetzten Verben sinnvolle Wortgruppen!

den Stoff _____   das Heft _____

das Fleisch _____   den Schrank _____

den Fehler _____   das Haar _____

3 Aus welchen Wörtern bestehen die Zusammensetzungen?

a Zerlege die zusammengesetzten Substantive!
Auto|bahn|dienst, Eisenbahnstation, Flugzeugbesatzung, Fahrradhelm, Spielzeugkiste, Fußballspieler, Hochhausbewohner, Kunstlederweste, Winterstiefelabsatz

b Sieh dir Wort für Wort genau an! Präge es dir ein!
Decke es ab! Schreibe es aus dem Gedächtnis auf!
Vergleiche dann jedes Wort genau mit der Vorlage!
Berichtige, wenn du Fehler hast!

_____

_____

_____

_____

Verb – Tätigkeitswort   Substantiv – Namenwort

Wunderwerke

1 Die kleine Insel Lanzarote _____ westlich

von Afrika im Atlantischen Ozean.

Auf ihr _____ viele Vulkanausbrüche.

Breite Lavaströme _____ die Insel

mit einer schwarzen Schicht _____ .

Der letzte große Vulkanausbruch _____

vor ungefähr 270 Jahren.

In den erstarrten Lavaströmen _____ Höhlen.

Der Künstler César Manrique _____ einige

der Höhlen _____ .

Er _____ große Meisterwerke.

Palmen, Kakteen und farbenprächtige Blumen

_____ die schwarzen Grotten.

liegt/ befindet sich
erfolgten/ geschahen
haben überzogen/ haben bedeckt
geschah/ vollzog sich
entstanden/ bildeten sich
gestaltete aus/ baute aus
schuf/machte
verschönern/ schmücken/ verzieren

In den Sätzen des Textes fehlen Satzaussagen (Prädikate).
Wähle in der Randleiste Satzaussagen aus und trage sie in den Text ein!

2

Viele Menschen <u>kommen</u>

jedes Jahr	zur Erholung	auf diese interessante Insel	mit Flugzeugen und Schiffen
Wann?	**Warum?**	**Wohin?**	**Wie?**

a Bilde aus diesen Satzgliedern einen Satz! Schreibe ihn auf!

_____

_____

b Die Satzglieder kannst du mehrmals umstellen. Versuche es!
Du musst nicht immer mit dem Satzgegenstand (dem Subjekt) beginnen.

_____

_____

_____

_____

Prädikat – Satzaussage   Subjekt – Satzgegenstand

3 Eine der Höhlen, die César Manrique ausgestaltet hat, gehört zu den schönsten Plätzen der Welt. Eine lange Treppe führt <u>in einen großen Raum</u>. <u>Hier</u> befindet sich ein Restaurant. <u>Noch tiefer unten</u> liegt ein See. Der Raum öffnet sich <u>nach oben</u>. Sonnenstrahlen fallen <u>auf das Wasser</u>. Wir blicken <u>in den blauen Himmel</u>. Eine Treppe bringt uns wieder <u>hinauf ins Freie</u>. <u>Um einen Swimmingpool herum</u> wachsen Bäume, Sträucher und knallrote Geranien. Es ist wie im Märchen.

Im Text sind mehrere Angaben zum Ort enthalten. Sie sind unterstrichen. Schreibe sie auf! Setze in Klammern dahinter, wie du sie erfragen kannst!

Wo?
Wohin?
Woher?

in einen großen Raum (Wohin?), hier _____

_____

_____

_____

_____

4 ① _____ herrschte auf der Insel Lanzarote große Not.

Die Einwohner befanden sich ② _____ im Kampf mit der Natur,

um leben zu können. Es regnet auf Lanzarote ③ _____ .

④ _____ ist die Insel ein gern besuchter Urlaubsort.

Viele Einwohner leben vom Tourismus. Der Künstler Manrique sprach aber

⑤ _____ oft von seiner Angst,

dass der Massentourismus die Schönheit der Insel zerstören könnte.

Ergänze die fehlenden Angaben zur Zeit!
Wähle aus den Beispielen aus!

① früher / einst / lange Zeit
② stets / ständig / jederzeit / immer
③ nur selten / kaum einmal
④ heute / jetzt / heutzutage / derzeit
⑤ kurz vor seinem Tod / bevor er starb / in seinen letzten Lebensjahren

Wann?
Bis wann?
Seit wann?
Wie lange?
Wie oft?

Schule früher und heute – und wie wird es morgen sein?

1 Vor 100 Jahren lernten die Schülerinnen und Schüler die deutsche Schrift.

A a	B b	C c	D d	E e	F f	G g

H h	I i	J j	K k	L l	M m	N n

O o	P p	Q q	R r	S s	T t	U u

V v	W w	X x	Y y	Z z

a Eine Linie ist immer frei. Du kannst die Buchstaben in deutscher Schrift üben oder du schreibst die Buchstaben in der Schrift auf, die du gelernt hast.

b Kannst du die Sätze lesen?
Schreibe auf, was du herausgefunden hast!

_____

_____

_____

c Vergleicht eure Ergebnisse! Lest euch den Text gegenseitig vor!

2 Damals hießen die Kinder z. B. so:

Mädchen: Alma, Maria, Ella, Hilda, Lina, Erna, Anna, Berta, Paula

Jungen: Albert, Arno, Emil, Kurt, Paul, Hans, Heinrich, Jakob

a Unterstreiche die Namen, die inzwischen wieder modern sind!

b Versuche zwei oder mehr Namen in deutscher Schrift aufzuschreiben!

3 Vor 100 Jahren besaßen die Schulanfänger eine Fibel. Das ist auch heute noch so. Damals schrieben die Kinder aber auf Schiefertafeln und sie brauchten Schieferstifte und einen Schwamm. Die Mädchen und Jungen saßen mit geradem Rücken in Reihen hintereinander. Nicht selten erhielten sie Schläge und kamen mit blauen Flecken nach Hause. Die Kinder lernten das Rechnen, das Schreiben und das Lesen. Sie beteten für den Kaiser und sangen oft das Lied „Der Kaiser ist ein lieber Mann".

a Unterstreiche im Text die Verben!

b Vervollständige die Tabelle!

früher (Vergangenheit)	heute (Gegenwart)
sie	sie besitzen
sie	sie schreiben
sie brauchten	sie
sie	sie sitzen
sie lernten	sie
sie	sie singen

c Schreibe eine kleine Geschichte darüber, wie es heute in der Schule ist! Verwende Verben aus der Tabelle!

_____

_____

_____

4 Wie wird es in Zukunft sein?

a Schreibe die Verben aus der Tabelle in der Zeitform **Zukunft** auf!

sie werden besitzen, _____

_____

_____

b Was werden die Kinder in der Zukunft lernen? Was werden sie brauchen? Womit werden sie schreiben? Denke dir dazu eine Geschichte aus!

Verb – Tätigkeitswort

Im Winter

1 Ab Oktober eines jeden Jahres sammeln sich in bestimmten Gegenden Deutschlands riesige Krähenschwärme.
Sie kommen aus dem kalten Osten und suchen unser Land zum Überwintern auf. Die Tiere bevorzugen Städte.
Hier finden sie genug Nahrung. Außerdem erhalten sie Schutz vor der Kälte. Ungefähr bis März bleiben sie unsere Gäste. Dann fliegen sie wieder zurück in ihre Heimat und beginnen mit ihrem Brutgeschäft.

Die Krähen werden von vielen Menschen nicht gern gesehen.
Sie werden als Plage betrachtet. Nicht selten werden sie aus Gärten und von Höfen verjagt. Auf der Roten Liste der Naturschützer aber werden sie als gefährdete Tiere eingestuft. Von Kennern werden die Krähen als kluge und gesellige Vögel geschätzt.

a Im 1. Teil des Textes wird angegeben, was die Krähen in der kalten Jahreszeit tun.
Unterstreiche die Verben! Es sind **Aktivformen**.

b Im 2. Teil des Textes wird angegeben, was mit den Krähen geschieht.
Unterstreiche die Verben! Sie stehen im **Passiv**.
Beachte: Es sind zweiteilige Verbformen!

2 *Herr Müller verjagt die Krähen.*   *Die Krähen werden verjagt.*

Der „Täter" wird genannt.   Der „Täter" wird nicht genannt.
Es ist eine unpersönliche
Ausdrucksweise.

Aktiv   **Passiv**

Wie ist es hier?
Schreibe hinter jeden Satz, ob es sich um eine Form des Aktivs oder um die Form des Passivs handelt!

Hans findet eine verletzte Krähe. (_____)

Er bringt sie zum Tierarzt. (_____)

Das Tier wird untersucht. (_____)

Das gebrochene Bein wird geschient. (_____)

Hans pflegt das Tier. (_____)

Verb – Tätigkeitswort

22

3 Viele unserer Singvögel bleiben im Winter bei uns.
Jedes Jahr fertigt Paula eine Futterglocke für die Meisen an.
Sie richtet sich dabei nach dieser Beschreibung aus einem Buch:

Ein Stock wird in einen Blumentopf gesteckt.
Hartfett wird geschmolzen und
mit Sonnenblumenkernen vermischt.
Die Masse wird in den Blumentopf gefüllt.
Nach dem Auskühlen wird der Blumentopf
mit der Öffnung nach unten aufgehängt.

a Lies dir die Beschreibung genau durch!

b Schreibe auf, wie du vorgehen musst,
wenn du selbst eine Futterglocke herstellst!

Beachte die Satzanfänge!
So kannst du
die Sätze verbinden:
dann, danach,
im Anschluss daran,
nun, schließlich, zuletzt.

_____

_____

_____

_____

_____

_____

_____

_____

c In dem Buch steht die Beschreibung im Passiv.
Die Ausdrucksweise ist unpersönlich.
Unterstreiche die Verben!

d In deiner Beschreibung hast du die persönliche Ausdrucksweise verwendet.
Unterstreiche die Verben!
Prüfe: Stehen die Verben in deinem Text im Aktiv?

4 Welche Vögel bleiben im Winter bei uns?
Suche sie heraus und schreibe sie mit Artikel auf!

S T O R C H A M S E L S P E R L I N G G R A U G A N S M E I S E

_____

Vom Fliegen und Drachensteigen

1 Hans war im Sommer mit dem Flugzeug unterwegs.
Das hat der Pilot den Fluggästen mitgeteilt:
„Wir befinden uns jetzt in 6 000 Meter Höhe. Die Außentemperatur
beträgt 45 Grad minus. Wir haben starken Seitenwind.
Über den Bergen wird es etwas unruhig. Bitte legen Sie die Gurte an!
Wenn Sie aus dem Fenster schauen, werden Sie in wenigen Minuten
das Meer sehen. Unser Flug wird noch etwa zwei Stunden dauern.
Es wird Ihnen Freude bereiten, wenn ich Ihnen verrate, dass am Ziel
Ihrer Reise die Sonne scheint."

a Unterstreiche alle Substantive, die im Text vorkommen!

b Schreibe alle Substantive mit Artikel auf, die etwas Gegenständliches bezeichnen!
(Dazu gehören z. B. solche Wörter wie *Mensch, Tier, Baum, Tisch, Ball.*)

_____

_____

c Schreibe alle Substantive mit Artikel auf, die nichts Gegenständliches bezeichnen!
(Dazu gehören z. B. solche Wörter wie *Krankheit, Schlaf, Minute, Sturm.*)

_____

_____

_____

2 Allerlei Begriffe
*Flugzeughalle, Fluggast, Flieger, Flugzeug, Pilot, Flugplatz, Passagier,
Stewardess, Flugreisender, Hangar, Flug, Flugbegleiterin, Flughafen,
Luftfahrzeug, Flugreise, Flugzeugschuppen, Flugkapitän*

a Welche Begriffe haben gleiche oder ähnliche Bedeutungen?
Schreibe sie geordnet mit Artikel auf!

die Flugzeughalle – der Hangar – der Flugzeugschuppen

_____

_____

_____

_____

Artikel – Begleiter   Substantiv – Namenwort

24

b Was bedeuten diese Wörter?
Schlage im Duden nach und schreibe ihre Bedeutungen auf!

> **Beachte:**
> Manche Wörter haben mehrere Bedeutungen. Schreibe nur das auf, was mit der *Luftfahrt* zu tun hat!

Wort	Bedeutung	Seite
Jet		384
Concorde		
Helikopter		
Airbus		
Rakete		
Airport		

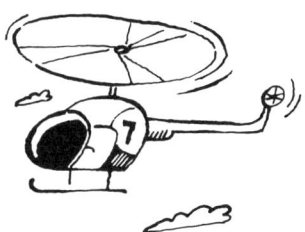

3 Drachensteigen

Anja und Marek sind dafür bekannt, dass sie hervorragend Drachen bauen können. Bei der Vorbereitung auf einen Wettbewerb im Drachensteigen kam es gestern in der Nähe der Autobahn A4 zu einer gefährlichen Situation:

> Regeln für Drachenpiloten:
> ① Bei Gewitter nicht starten!
> ② Schnur darf nicht länger als 100 Meter sein!
> ③ Nicht in die Nähe von Bahnanlagen kommen!
> ④ Keinen Draht als Drachenschnur verwenden!
> ⑤ Die Nähe von Stromleitungen vermeiden!
> ⑥ Nicht in der Nähe von Autobahnen starten!

Der Drachen der beiden, der an einer Schnur von etwa 120 Meter Länge befestigt war, geriet außer Kontrolle und schlug bei starkem Wind, der ein Gewitter ankündigte, an eine Stromleitung. Die Kinder erkannten die Gefahr und ließen die Schnur aus der Hand gleiten. Ihrer Geistesgegenwart ist es zu verdanken, dass den beiden nichts passiert ist.

a Anja und Marek haben gegen grundlegende Regeln für das Drachensteigen verstoßen.
Unterstreiche im Text die Stellen, die das falsche Verhalten der beiden anzeigen!

b Schreibe auf, welche Regeln nicht beachtet worden sind!

_____

_____

_____

_____

c Was hätte den beiden Kindern und anderen passieren können?
Verständigt euch darüber!

Der Mustang – das Pferd der Prärie

1 Der Mustang hat einen sehnigen, stämmigen Körperbau.
Scharfe Zähne und kräftige Kiefer ermöglichen es den Tieren,
das spärliche, harte Gras aus dem Prärieboden zu reißen.
Mustangs sind gesellige Tiere. Sie leben in kleinen Herden,
denen 1 Hengst und 2 bis 8 Stuten sowie mehrere Jungtiere
angehören. Die Kleinen werden 6 bis 8 Monate gesäugt.
Sie können schon kurz nach der Geburt stehen und bald
auch schnell laufen.
Wenn Wölfe angreifen, bilden die älteren Tiere
einen engen Kreis und nehmen die Fohlen in die Mitte.
Die Pferde verständigen sich durch leises Wiehern miteinander.
Mit lautem Schnauben warnen sie sich gegenseitig vor Gefahren.
Mustangs haben eine Lebenserwartung von etwa 20 Jahren.
Die Anzahl dieser Tiere ist im 20. Jahrhundert stark zurückgegangen.

a Das Aussehen und die Lebensweise der Tiere werden mit Hilfe von Adjektiven
anschaulich beschrieben. Unterstreiche die Adjektive im Text!
Schreibe dann sechs Adjektive in der Grundstufe auf!

sehnig, _____

_____

b Suche alle Sätze mit Zahlenangaben heraus!
Ersetze die Zahlen durch Zahlwörter und schreibe die Sätze auf!

_____

_____

_____

_____

_____

c Wie heißt die Pferdefamilie? Du findest die Bezeichnungen im Text.

das männliche Pferd – _____   das weibliche Pferd – _____

das Jungtier – _____

2 Wörter und Gegenwörter
langsam, jung, hart, stumpf, spärlich, laut, weit, groß,
alt, scharf, leise, klein, üppig, weich, eng, schnell

Adjektiv – Eigenschaftswort

26

Schreibe Wortpaare auf, die gegensätzliche Bedeutungen haben!

spärlich – üppig,

3 Mustangs haben keine bestimmte Fellfärbung.
Bei den Pferden, die wir als Haustiere halten, unterscheidet man z. B.:

Braune   Ihr Fell ist   hell-
                               mittel- ———>braun.
                               dunkel-

Füchse   Ihr Fell ist   rot-
                               schwarz- ———>braun.

a Bilde zusammengesetzte Adjektive, die die Färbung der Braunen
und der Füchse angeben! Schreibe diese Adjektive auf!

b Wie ist es richtig? Setze ein!

_____ haben schwarzes Fell und schwarzes Langhaar. | Schecken

_____ erkennt man an ihrem weißen Fell | Schimmel

und dem weißen Langhaar. Weiße Pferde mit braunen oder | Rappen

schwarzen Flecken heißen _____ .

4 Simone war in den Ferien auf einem Bauernhof.
Sie schreibt in einem Aufsatz über ihre Erlebnisse.

> Ferien auf dem Bauernhof
> Auf dem Bauernhof gab es edle Pferde. Besonders beeindruckt
> war ich von den weißen Schimmeln und den schwarzen
> Rappen. Eine weibliche Stute bekam gerade ein Junges.

Die Lehrerin streicht drei Stellen an und sagt: „Du drückst ja an diesen Stellen
alles doppelt aus. Drei Wörter sind überflüssig."

a Welche Stellen wird die Lehrerin angestrichen haben?
Kennzeichne sie!

b Streiche die Wörter, die überflüssig sind! Begründe deine Entscheidung!

8ung! Nicht ver2feln!

1 Wörter, in denen Zahlwörter stecken

a Verstehst du die Überschrift? Schreibe sie auf!

_____

b Kannst du auch diese Rätselwörter entziffern? Lies vor!

7schläfer   Mittern8   Kla4   6eckig   1amkeit   be2feln

c Suche nach weiteren Wörtern, in denen Zahlwörter stecken!

2 Bei kleineren Kindern sind Abzählreime sehr beliebt.

> Eins, zwei, drei, vier, fünf, sechs, sieben,
> in der Schule wird geschrieben,
> in der Schule wird gelacht
> und noch vieles mehr gemacht.

> Sechs, sieben, acht –
> mein Herze lacht,
> neun und zehn,
> wenn ich dich kann sehn.

a Lies die Reime und unterstreiche die Zahlwörter!
Präge dir ein, wie sie geschrieben werden!

b Schreibe die Zahlwörter von 1 bis 10 aus dem Gedächtnis auf!

_____

_____

3 Wenn du die Aufgaben ausrechnest, kann du das Ergebnis auch richtig schreiben.

3 + 10 = _drei/zehn_ _____   8 + 10 = _____

4 + 10 = _____   9 + 10 = _____

5 + 10 = _____

a Schreibe die Ergebnisse als Zahlwörter auf!

b Präge dir nun die folgenden Zahlwörter gut ein!
Schreibe sie aus dem Gedächtnis auf!

elf, zwölf, sechzehn, siebzehn

sechszehn
siebenzehn

_____

4 Vielfache von 10

zwanzig, dreißig, vierzig, fünfzig, sechzig, siebzig, achtzig, neunzig

a Was musst du dir bei diesen Zahlwörtern gut merken? Unterstreiche!

b Ganz einfach! Schreibe die Ergebnisse als Zahlwörter auf!

3 + 20 = *dreiundzwanzig*   4 + 70 = _____

5 + 60 = _____   9 + 80 = _____

6 + 40 = _____   7 + 50 = _____

5 9 + 90 + 1 = ☐ *einhundert*   999 + 1 = ☐ *eintausend*

Schreibe die Vielfachen von 100 und 1 000 als Zahlwörter auf!

200 _____   2 000 _____

600 _____   6 000 _____

800 _____   8 000 _____

6 Auf einem Scheck und auf der Postanweisung muss der Geldbetrag
in Ziffern und als Zahlwort aufgeschrieben werden.

a Kannst du dir denken, warum das verlangt wird? Tauscht euch darüber aus!

b Schreibe die folgenden Beträge in Worten auf!

Euro	Cent	Euro-Betrag in Worten wiederholen
125	–	
1 100	–	
4 560	–	
999	–	

7 Die unterstrichenen Wörter gehören auch zu den Zahlwörtern.
das <u>erste</u> Kind, der <u>zweite</u> Tag, der <u>dritte</u> Sportler, der <u>vierte</u> Spieler,
die <u>fünfte</u> Stunde, der <u>sechste</u> Mann, der <u>siebente</u> Fahrer,
das <u>achte</u> Jahr, der <u>neunte</u> Monat, der <u>zehnte</u> Besucher

a Schreibe die Wortgruppen auf, in denen es um Personen geht!

_____

_____

b Schreibe die Wortgruppen auf, die Zeitangaben ausdrücken!

_____

_____

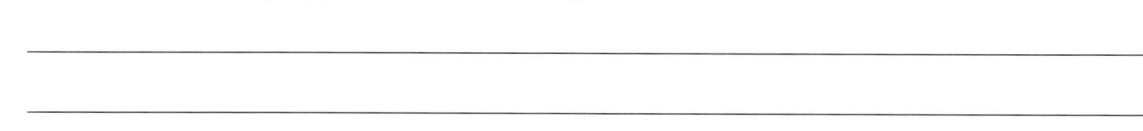

Köstliche Sachen

1 Anna und Robert laden ihre Freundinnen und Freunde
zu einem Gartenfest ein.
Sie bieten Nudelsalat und Plätzchen an – alles selbst zubereitet.
Die Kekse und der Salat sehen ja komisch aus, aber keiner
sagt etwas. Tibor kostet als Erster. „Leute", ruft er, „die Nudeln
werden uns umbringen!" Brita knabbert an einem Plätzchen.
„Ja", bestätigt sie, „die Kekse tragen auch dazu bei."
Was war passiert? Jemand hatte die Rezepte zerrissen und die
beiden Kochkünstler Anna und Robert hatten sie so zusammengesetzt:

Rezept 1	Rezept 2	
① Tunfisch zerteilen, Kapern und Kräuter hinzugeben	⑤ 1 Eigelb mit Essig, Öl, Kapernflüssigkeit und Fischpaste verrühren	Leckere Plätzchen
② Mehl, Backpulver, Margarine, Zucker, Zitronensaft und 2 Eiweiß verarbeiten	⑥ 12 bis 15 Minuten backen	Feiner Nudelsalat
③ Zutaten mischen, ziehen lassen, mit Kapernmarinade nachwürzen	⑦ bei Bedarf noch etwas Zucker darüberstreuen	
④ Teig ausrollen, ausstechen und mit Eigelb bestreichen	⑧ Nudeln kochen und abkühlen lassen	

a Setze die Rezepte richtig zusammen! Gib die Reihenfolge der Nummern an!

Plätzchen: ⟨2⟩ , ⟨ ⟩ , ⟨ ⟩ , ⟨ ⟩   Nudelsalat: ⟨8⟩ , ⟨ ⟩ , ⟨ ⟩ , ⟨ ⟩

b Wähle eines der Rezepte aus!
Schreibe ausführlich (in Sätzen) auf, wie man Nudelsalat oder Plätzchen herstellt!
Deine Überschrift heißt:

Wie man Nudelsalat herstellt oder: *Wie man Plätzchen herstellt*

_____

_____

_____

_____

_____

_____

c Lies vor, was du geschrieben hast!
Lass beurteilen:
– Ist die Reihenfolge richtig?
– Wurde die unpersönliche Ausdrucksweise eingehalten?

2 Tibor gibt zu, dass er auch schon mal eine Panne beim Kochen erlebt hat. Das ist seine Geschichte:

„Ich hatte mir das Rezept vor längerer Zeit aufgeschrieben

und _____ (lassen) mich nun tatsächlich dazu verleiten, den Koch

zu spielen. Aber wie _____ (verlaufen) das Unternehmen? Das Fleisch

_____ (braten) in der Pfanne, als mein Freund _____ (anrufen).

Wir redeten und redeten. Plötzlich roch es verdächtig aus der Küche.

Ich _____ (laufen) in Windeseile zum Herd, _____ (umstoßen)

dabei einen Stuhl _____ , nahm die heiße Pfanne in die Hand und

_____ (loslassen) sie gleich wieder _____ . Sie _____ (fallen) auf den

Boden und mir fast auf die Füße. Bloß gut, ich _____ (bleiben) unverletzt.“

a Lies den Text und überlege, wie die fehlenden Vergangenheitsformen heißen!
Beachte: Sie enthalten alle *ie* im Wortstamm.

b Setze die Verben in der richtigen Form ein!

c Vergleicht eure Ergebnisse!
Berichtige, wenn du Fehler findest!

_____

_____

- Fehlerhafte Wörter durchstreichen
- Fehler nummerieren
- Wörter berichtigen

3 Wie heißen die Zeitformen der folgenden Verben?
Ergänze die Tabelle!
Schlage im Duden unter der Grundform nach, wenn du unsicher bist!

Vergangenheit	Gegenwart	Zukunft
ich sprach	ich	ich
er	er singt	er
sie lief	sie	sie
du	du	du wirst nehmen
ich fuhr	ich	ich
wir	wir bleiben	wir
es floss	es	es

Verb – Tätigkeitswort

Ein kluger Diener

1 Es war einmal ein schlecht gelaunter Herr. Nichts passte ihm.
„Das Essen ist zu heiß", schimpfte er. Am anderen Tag
schrie er: „Die Suppe ist zu kalt!" Vor Wut warf er die Suppe
mitsamt der Schüssel zum Fenster hinaus auf den Hof.
Der Diener sah es und warf das Fleisch und das Brot,
Teller und Löffel, das Glas und sogar die Tischdecke hinterher.
Der Herr sprang vom Sessel auf. Er brüllte: „Was soll das heißen?"
„Herr", antwortete der Diener, „ich dachte, Sie wollen
auf dem Hof essen. Es ist so schönes Wetter draußen."
Der Herr erkannte seinen Fehler. „Du hast mir
eine gute Lehre erteilt", sagte er zu seinem Diener.

a Der Text enthält Stellen mit wörtlicher Rede.
Suche die Begleitsätze heraus! Unterstreiche sie! ∿∿∿

b Zweimal ist der Begleitsatz der wörtlichen Rede vorangestellt.
Das sind die Satzbilder: ∿∿∿ : „......!"   ∿∿∿ : „......?"
Schreibe die beiden Sätze ab!

_____

_____

c Zweimal ist der Begleitsatz nachgestellt.
So sieht das Satzbild aus: „......", ∿∿∿ .
Schreibe die beiden Sätze ab!

_____

_____

_____

d Einmal ist der Begleitsatz in die wörtliche Rede eingeschoben.
Das Satzbild sieht so aus: „......", ∿∿∿ , „............."
Schreibe die Sätze ab!

_____

_____

e Überprüfe, ob alle Satzzeichen richtig gesetzt sind!
Vergleiche deine Sätze mit den Satzbildern!

2 Hier fehlen Satzzeichen.

☐ Was gibt es heute zu essen ☐☐ , fragt Uta ☐

Mutter schwärmt: ☐ Ich habe feine Maultaschen

zubereitet ☐☐

☐ O weh ☐ , ruft Uta, ☐ da kriege ich es ja

mit der Angst zu tun ☐☐

☐ Würdest du lieber Spinatspatzen essen ☐☐ , lacht Vater ☐

Er zeigt Uta das Kochbuch ☐

☐ Sieh her ☐ , sagt er, ☐ hier ist das Rezept ☐☐

- Unterstreiche zuerst die Begleitsätze!
- Setze die Satzschlusszeichen!
- Kennzeichne die wörtliche Rede durch Anführungszeichen!

a Setze die fehlenden Satzzeichen!

b Vergleicht eure Ergebnisse!

3 Findest du zu jedem Satzbild ein eigenes Beispiel? Versuche es!

① ∼∼∼∼ : „ …… ?"

_____

② „ …… ", ∼∼∼∼ .

_____

③ „ …… ", ∼∼∼∼ , „ …… ."

_____

4 In dem Text von Aufgabe **1** sind Wörter mit doppeltem Mitlaut enthalten.

a Schreibe diese Wörter in ihrer Grundform auf! Setze vor Substantive den Artikel!

_____

_____

_____

b Unterstreiche die doppelten Mitlaute!

c Deckt die Wörter ab! Diktiert sie euch gegenseitig! Kontrolliert!

_____

_____

_____

Substantiv – Namenwort   Artikel – Begleiter

Was ist passiert?

1 In dem Städtchen Neuhausen ist in der Nähe der Schule am 23. 4. 2006
ein Unfall geschehen. Tobias Riedel, der am Unfall beteiligt war, sagt aus:
„Es war ungefähr dreizehn Uhr zwanzig. Wie immer fuhr ich mit meinem Rad
die Lindenstraße entlang und bog in die Kochstraße ein.
Ich hatte die Vorfahrt und dachte, das wissen andere auch.
Ich hatte so gute Laune. Aber auf einmal hörte ich
Motorengeheul. Ein Motorradfahrer raste auf mich zu,
bremste scharf und erwischte mein Vorderrad.
Ich wurde vom Rad geschleudert, der Motorradfahrer
rutschte auch über die Straße. Ich kenne ihn,
er heißt Mike Groß. Wir konnten wieder aufstehen.
Ich blutete nur am Knie.
Aber gucken Sie mal mein Rad an!"

Santy ist Zeugin des Unfalls. Sie berichtet:
„Als ich heute gegen dreizehn Uhr zwanzig die Kochstraße entlanglief,
fuhr ein Motorradfahrer wie ein Verrückter an mir vorbei.
Er hupte mich an. Wahrscheinlich wollte er mir imponieren. Auf einmal
krachte es und er lag auf der Straße. Es hatte einen Zusammenstoß gegeben.
Ein Stück entfernt lag Tobias aus meiner Klasse. Er ist aus der Nebenstraße
gekommen. Sie ist gleichgeordnet, also hatte er die Vorfahrt.
Ich bin mir ganz sicher, dass dieser Blödmann von Motorradfahrer
die Schuld hatte. Aber na ja, den können alle nicht leiden."

a Die Polizei ist an diesen Angaben zum Unfall interessiert:

Wann? _____

Wo? _____

Was? _____

Wie? _____

_____

*Warum?*_____

Lies beide Berichte aufmerksam durch! Unterstreiche die Stellen,
die Antwort auf die Fragen geben! Trage die Antworten in Kurzform ein!

b In beiden Berichten sind Aussagen enthalten,
die für die Polizei wertlos sind.
Streiche die Stellen durch, die nicht
in einen Bericht gehören!

> Du weißt:
> Ein Bericht muss sachlich, genau
> und wahrheitsgemäß sein.

2 Die Eltern von Tobias melden den Unfall ihrer Krankenkasse.
Auch wenn nur eine Abschürfung am Knie sichtbar ist, geht Tobias zum Arzt.
Der Doktor muss ein Formular ausfüllen und braucht dafür einige Angaben.

Name   Vorname   geb. am

Straße   Nr.

PLZ   Wohnort

Bei welcher Krankenkasse versichert?

Durch wen versichert?

---

a Wenn dir selbst einmal etwas passiert – was müsstest du eintragen?
Fülle das Formular aus! Frage deine Eltern, wenn du etwas nicht weißt!

b Auch die folgenden Angaben werden auf dem Unfallformular verlangt.
Kreuze die entsprechenden Stellen an und trage die benötigten Angaben ein!

Art des Unfalls

○ Arbeitsunfall im Betrieb   ○ Verkehrsunfall

○ Auf dem Weg von oder   ○ Unfall durch Winterglätte
zur Arbeitsstätte

                                       ○ Sportunfall

○ Unfall beim Besuch von Schulen,
einschließlich Wegeunfälle   ○ Sonstiger Unfall

Unfalltag: _____   Unfallort: _____

Unfallzeit: _____   Straße: _____

Art der Verletzung: _____

---

c Ein Fall für pfiffige Verkehrsteilnehmer:
Wer hat die Vorfahrt?
Schreibe die Reihenfolge auf, in der
die Verkehrsteilnehmer fahren dürfen!
Begründe deine Entscheidung!

_____

_____

_____

_____

Sich in Bildern ausdrücken

1 „Alle mal herhören!", sagt Herr Keppler an einem Sonntagvormittag
zu seiner Familie. „In einer Stunde starten wir zu einem Ausflug."
„Wohin soll's denn gehen?", wollen die Kinder wissen.
„Das wird nicht verraten", antwortet der Vater.
„Wir machen eine Fahrt ins Blaue."

Was ist gemeint, wenn von einer „Fahrt ins Blaue" die Rede ist?
Kreuze die richtige Antwort an!

① eine Fahrt ans Meer ○

② eine Fahrt mit einem nicht bekannten Ziel ○

③ eine Flugreise ○

2 Du hast richtig entschieden, wenn du ② angekreuzt hast.
Eine „Fahrt ins Blaue" ist eine Redensart. Damit ist eine Vergnügungs-
fahrt ins Unbekannte gemeint. Das Ziel wird nicht verraten.
In der deutschen Sprache gibt es viele Redensarten. Sie drücken das,
was wir sagen wollen, in Bildern aus.

a Prüfe, ob du die Bedeutung der folgenden Redensarten kennst!
Ordne richtig zu! Verbinde mit verschiedenfarbigen Linien!

- gesiebte Luft einatmen
- die Straße messen
- ins Schwarze treffen
- die Segel streichen
- auf der Nase liegen
- jemanden übers Ohr hauen

- krank sein
- den Kampf aufgeben
- hinfallen
- im Gefängnis sitzen
- jemanden betrügen
- genau das Richtige sagen oder tun

b Was bedeuten diese Redensarten?
Sucht gemeinsam nach Erklärungen!

| Schmiere stehen | auf Draht sein |

| in der Tinte sitzen | jemandem auf den Wecker gehen |

| sich den Mund verbrennen | die Mücke machen |

| etwas mitgehen lassen | auf großem Fuß leben |

Lineal benutzen!

3 Welche Redensarten sind zu ergänzen? Füge sie in die Sätze ein!

Lara ist traurig. Ihr Bruder will sie trösten.

„Du kannst doch nicht immer nur _____

_____ ", sagt er.

– auf die Tube drücken
– Trübsal blasen
– auf dem Trockenen sitzen

36

„Mein Nachbar ist ein großer Angeber",

meint Erik. „Er muss immer so _____

_____ .

Ein richtiger Prahlhans ist das!"

| — Mund und Nase aufsperren |
| — anderen nach dem Munde reden |
| — den Mund voll nehmen |

Hanne ist sehr gutgläubig.
Sie lässt sich leicht von anderen überlisten.
Nun will sie ein gebrauchtes Fahrrad kaufen.
„Pass auf!", sagt ihre Mutter. „Du darfst

dem Verkäufer nicht _____

_____ ."

| — übers Knie legen |
| — auf den Kopf stellen |
| — auf den Leim gehen |

4 Auch Sprichwörter gehören zu den sprachlichen Bildern.
Sie geben Lebensweisheiten wieder.

a Erkläre, was die folgenden Sprichwörter bedeuten!
Tauscht euch darüber aus!

    Morgenstund hat Gold im Mund.

    Müßiggang ist aller Laster Anfang.

    Stille Wasser sind tief.

    Einem geschenkten Gaul guckt man nicht ins Maul.

    Wer im Glashaus sitzt, soll nicht mit Steinen werfen.

b Hier ist einiges durcheinandergeraten.
Schreibe die Sprichwörter richtig auf!

    Wo ein Wille ist, der rostet.

    Wer rastet, wird endlich gut.

    Auch ein blindes Huhn fällt nicht weit vom Stamm.

    Was lange währt, da ist ein Weg.

    Der Apfel findet mal ein Korn.

_____

_____

_____

_____

_____

c Suche dir ein Sprichwort heraus und erfinde dazu eine kleine Geschichte!
Trage sie den anderen vor!

Das Wörterbuch hilft dir beim Schreiben

1 Wie ist es richtig?

a Schau im Wörterbuch nach und schreibe die Substantive mit Artikel auf!
Setze die Seitenzahl in Klammern dahinter!

Benzin, Liter, Meter, Bonbon, Tunnel, Gas, Mus, Lasso, Radio, Zirkus

das Benzin (S. 158), _____

_____

_____

_____

_____

b Schreibe die Substantive in der Einzahl (Singular)
und in der Mehrzahl (Plural) auf!
Informiere dich im Wörterbuch!

*der Bach, der Strom, der Zirkus, die Gämse, die Stadt,
die Redaktion, das Obst, das Känguru, das Inserat*

> **Achtung!** Es ist ein Wort
> dabei, von dem es keine
> Mehrzahl gibt! Setze für die
> Mehrzahl einen Strich!

der Bach – die _____

_____

_____

_____

_____

2 Wie steht es im Wörterbuch?
Schlage nach und schreibe auf, was die Wörter bedeuten!

Wort	Bedeutung	Seite
Streetwork		_715_
Fastfood		
Hotdog		
PIN		
Handy		
Carport		
City		
Mountainbike		

Substantiv – Namenwort   Artikel – Begleiter

3 Das lernst du alles in der Schule.

a In diesem Durcheinander findest du
drei Substantive mit **-tion/-ion** am Wortende
und drei Verben mit **-ieren** am Wortende.
Es sind Fremdwörter.
Schreibe sie auf!
Die Verben und die Substantive
sind miteinander verwandt.

Dis-

dis-

-ku-

-di-

-ti-

-pli-

Mul-

mul-

-tion

-ka-

-dieren

-pli-

-ti-

-sion

Ad-

ad-

-tion

-tieren

-zieren

-kus-

Multi _____

_____

b Sieh im Wörterbuch nach, ob du die Fremdwörter richtig geschrieben hast!

4 *das – dass*
Erinnere dich!

das ⟨
— ist ein Artikel *(das Buch)*.
— kann durch **welches** ersetzt werden.
— kann durch **dieses** oder **jenes** ersetzt werden.

Ein Buch, **das** *(welches)* ich gelesen habe, …

Das *(dieses/jenes)* gefällt mir aber gut.

Mit **dass** werden oft Sätze miteinander verbunden.
Vor **dass** steht ein Komma. *(Ich glaube, **dass** ich es verstanden habe.)*

a Setze immer **das** ein und begründe die Schreibung!

_____ Fahrrad, _____ dort steht, _____ ist mir gestohlen worden.

_____ erkenne ich am Schutzblech, _____ verbeult ist.

b Vervollständige die Sätze und unterstreiche immer **dass**!

Du schreist so laut, dass mir _____

Ich denke, dass uns _____

Ich bitte dich, dass du _____

— etwas leiser sprechen
— die Ohren tun weh
— die Nachbarn hören

c Für ganz Schlaue – **das** oder **dass**?

_____ ist genau _____ Spiel, _____ ich mir gewünscht habe.

Ich hätte nie gedacht, _____ ich _____ bekomme.

Verb – Tätigkeitswort

Nachdenken – entscheiden – aufschreiben

1 ICHHABEKEINENSCHNEIDER
UNDTRAGEDOCHSIEBENKLEIDER.
WERMICHAUSSZIEHT,DERMUSSWEINEN,
MAGERAUCHNOCHSOLUSTIGSCHEINEN.

a Lies die Sätze langsam! Trenne die Wörter mit senkrechten Strichen voneinander ab!

b Wenn du die Sätze aufschreibst: Welche Wörter müssen großgeschrieben werden?
Unterstreiche sie! Beachte dabei auch die Satzanfänge!

c Schreibe die Sätze in Schreibschrift auf! Schreibe das Lösungswort dahinter!

_____

_____

_____

2 Wo sind die Verben geblieben?

Eines Tages _____ es. Ich _____ an die Tür und _____ sie.

Draußen _____ Karla. Sie _____ ein Kätzchen im Arm und _____

mich: „ _____ du das Tier? Wir _____ es nicht _____ .“

Damals _____ der kleine Kater zwei Wochen alt. Nun _____ er schon lange

in unserer Familie und alle _____ ihn.

a Lies zuerst und überlege: Welche Verben passen zum Text? Trage sie dann ein!

b Überprüfe, ob dein Text sinnvoll ist! Vergleiche mit anderen!

3 Raffinierte Killer
Hast du schon einmal etwas vom „Sonnentau" gehört? Es ist ein hübsches Pflänzchen,
das im Moor wächst. Mit einem raffinierten Trick lockt die Pflanze kleine Insekten an.
Eine klebrige Flüssigkeit auf den Blättern sieht aus wie Tautropfen.
Durstige Insekten lassen sich auf der Pflanze nieder und bleiben kleben.
Winzige Härchen krümmen sich schnell über dem Beutetier zusammen.
Die pflanzlichen Säfte haben eine tödliche Wirkung. Am Ende bleibt von dem Tier
nur noch eine trockene Hülle zurück, die der Wind später wegbläst.

Unterstreiche alle Adjektive und schreibe sie dann in der Grundform auf!

raffiniert, _____

_____

Verb – Tätigkeitswort   Adjektiv – Eigenschaftswort